Pourquoi voyager seul ?

Les 12 raisons pour lesquelles le voyage en solo transforme votre personnalité et change votre vie

Michael Pinatton

Publié en France par :

Michael Pinatton et TLF Média

ISBN-13: 978-1512355550
ISBN-10: 1512355550

Table des matières

À propos de l'auteur 1
Pourquoi j'ai écrit ce livre ? 4

Chapitre 1 : Voyager avec les autres ou pas ? 9
Chapitre 2 : La liberté d'aller où bon vous semble 13
Chapitre 3 : Avancer à votre rythme 17
Chapitre 4 : Passer du temps avec qui vous voulez 21
Chapitre 5 : Faire ce que vous avez vraiment envie.........25
Chapitre 6 : Devenir autonome et indépendant 29
Chapitre 7 : Se découvrir et être enfin soi-même.............33
Chapitre 8 : Le témoignage d'Amélie 37
Chapitre 9 : Une adaptation à toute épreuve 45
Chapitre 10 : Apprendre à aimer les challenges 49
Chapitre 11 : Faire plus de rencontres 53
Chapitre 12 : Développer son ouverture d'esprit.............59
Chapitre 13 : Vivre des expériences extraordinaires........65
Chapitre 14 : Faire des économies.......................................71
Chapitre 15 : Le témoignage de Jérémy 75

Conclusion 83
Bonus 84

À propos de l'auteur

Je m'appelle Michael Pinatton, à l'heure où j'écris ces lignes, j'ai encore 28 ans et je voyage en Amérique du Sud, en solo comme vous l'aurez deviné.

Je suis entrepreneur, globe-trotter et depuis peu blogueur et podcasteur sur le site Traverserlafrontiere.com dont l'objectif est de montrer aux gens qu'il est possible de partir vivre à l'étranger.

Depuis mon Erasmus à Bratislava (Slovaquie) en 2008, j'ai attrapé le virus du voyage et j'ai passé plus de quatre ans à l'étranger à parcourir les routes du Monde. À chaque fois que je pars, je pars seul, sans connaissances sur place et avec bien souvent un plan bancal.

J'ai vécu en Slovaquie, au Canada, en Espagne, aux Philippines et en Colombie. J'ai voyagé dans la plupart des pays européens, aux États-Unis, en Indonésie, en Thaïlande, à Taiwan ou encore en Malaisie.

Et je suis toujours vivant !

Je peux vous assurer que tous ces voyages en solo ont littéralement transformé ma vie. À chaque fois, je m'enrichis de nouvelles cultures, je découvre des paysages incroyables et je rencontre des gens extraordinaires. J'apprends aussi beaucoup sur moi-même et j'acquière de nouvelles compétences.

Le contenu du livre vient de mes expériences passées sur la route, à vivre à l'étranger durant toutes ces années. Il vient aussi de toutes les rencontres de voyageurs solitaires rencontrés au fil du temps. Les informations proviennent aussi des analyses que je tire des interviews que je fais des Français vivant à l'étranger. Enfin, les livres, les blogs, les émissions radio sur le voyage m'ont beaucoup aidé à construire ce livre.

Dans cette série de livres, je vous livre donc tout mon savoir sur le voyage en solo, avec tous les conseils et ressources dont vous aurez besoin pour franchir le pas et pour enfin vivre vos rêves.

Pour me contacter, rendez-vous :
http://traverserlafrontiere.com

Pourquoi j'ai écrit ce livre ?

Voyager seul, mais quelle idée !

Pour certains, voyager seul signifie l'excitation d'une nouvelle aventure, mais pour d'autres c'est plutôt la peur et l'inquiétude.

En cette année 2015, j'ai décidé d'explorer le principe du voyage en solo et de l'expérimenter, pour vous montrer concrètement tous les avantages et bénéfices à voyager seul.

Ce livre est un manifeste du voyage en solitaire et a été écrit dans le but de vous inspirer et de vous inciter à voyager seul.

Pourquoi avoir écrit ce livre ?

On me demande souvent comment je fais pour voyager seul.

On me dit souvent que je suis courageux.

Ou que je suis fou.

Je ne pense être ni l'un ni l'autre, j'ai juste choisi le chemin qui me rend heureux, j'ai choisi le chemin du développement personnel et de l'amélioration constante de ma vie.

J'ai découvert les premiers bienfaits du voyage en

solo il y a quelques années, mais ce n'est qu'avec le temps et l'expérience que je me suis réellement rendu compte du pouvoir qu'il amène.

J'ai envie de partager ce savoir que j'ai accumulé à travers mon expérience, ainsi que mes expériences liées aux rencontres. J'ai ce désir de vous faire connaitre l'autre face du voyage en solo, celle que l'on ne voit pas forcément ou celle que l'on ne comprend pas.

J'ai envie de vous expliquer ce qu'il se passe réellement quand on voyage seul, vous décrire les changements qui s'opèrent et la transformation de votre personnalité.

On parle bien trop souvent des inconvénients, des problèmes ou encore des peurs liés au voyage en solitaire. Il est temps de vous raconter une autre histoire, un autre point de vue.

J'espère qu'à mon échelle, j'aurai rendu ce fameux voyage en solo plus clair pour vous et que ce livre vous aidera à franchir le pas.

La série de livres « Guide du voyage en solo »

Ce livre « Pourquoi voyager seul ? » est le premier volume d'une série consacrée au voyage en solo.

Je vais publier d'autres livres sur ce thème, dans lesquels je vous expliquerai comment préparer un voyage en solo, comment se faire des amis sur la route, comment rester en sécurité pendant le voyage ou encore comment enfin franchir le pas pour ne plus repousser l'échéance.

Pour retrouver tous les livres de la série, rendez-vous sur : http://traverserlafrontiere.com/guide-voyage-solo/

« Dans 20 ans vous serez plus déçu par ces choses que vous n'avez pas faites que par celles que vous avez faites. Alors larguez les amarres. Mettez les voiles et sortez du port ô combien sécurisant. Explorez. Rêvez. Découvrez ».

- **Mark Twain**

Chapitre 1 : Voyager avec les autres ou pas ?

Avant d'aborder tous les bénéfices pour lesquels vous devriez voyager en solo, je veux vous parler des galères qui existent lorsqu'on voyage en groupe.

En effet, il y a énormément de points de désaccord qui existent lorsqu'on veut partir en voyage :

- Les pays, les villes, les régions à visiter ;
- Les dates de voyage et la durée ;
- Les activités à faire ;
- Les types d'hébergement pour dormir ;
- Le budget consacré au voyage ;
- Les types de transport utilisé ;
- Le rythme de voyage, lent ou rapide ;

- Le type de nourriture que l'on va manger ;
- Et bien d'autres encore.

Trouver une personne partageant la même vision du voyage que vous se révèle très compliqué. Ainsi, c'est bien souvent le compromis, les discussions sans fin, les disputes ou bien la loi du plus fort qui vont régir votre voyage.

Cette situation n'est pas idéale, mais elle est pourtant très courante.

Comme nous avons peur de partir tout seuls, on se résout à compromettre une partie de ses plans, une partie de ses envies, voire une partie de ses rêves pour que tout se passe bien durant ce voyage en groupe.

Vous voulez dormir à l'arrache ou dormir chez l'habitant, mais votre compagnon de voyage préfère le confort des hôtels ?

Vous préférez faire une randonnée à la découverte de l'arrière-pays en allant vers l'inconnu, mais votre compagnon préfère se prélasser sur la plage toute l'après-midi ?

Vous préférez sortir le soir, découvrir la vie nocturne et pourquoi pas faire de nouvelles rencontres, mais votre compagnon préfère une soirée tranquille à bouquiner ?

Vous préférez partir avec un tout petit budget et vous débrouillez sur place, mais votre compagnon préfère un séjour all-inclusive avec toutes les activités prévues ?

Nous avons tous des envies différentes et voyager en groupe peut poser beaucoup de problèmes et de frustrations. C'est bien dommage, surtout lorsqu'on se retrouve à l'autre bout du monde !

Le tableau n'est heureusement pas si noir.

Voyager avec des amis, en couple ou encore en famille peut être une expérience géniale ! Je recommande à tout le monde de voyager en solitaire... ou avec quelqu'un.

Il vaut mieux voyager avec quelqu'un que de ne pas voyager du tout.

L'ouverture d'esprit qu'apporte le voyage sera un bénéfice pour vous.

J'ai voyagé plusieurs fois avec des amis ou en couple et globalement ce fut de très bonnes expériences. Même si je voyage seul la plupart du temps, il m'arrive de retrouver des amis sur la route ou de me faire des compagnons de voyage.

Je pense d'ailleurs qu'il est tout à fait possible de trouver une personne qui possède une vision similaire du voyage et de la vie. Une personne qui pourra s'adapter aux situations et qui aura les mêmes envies que vous.

Pas forcément facile, mais possible.

Par exemple, il y a quelques semaines dans une auberge de jeunesse, j'ai rencontré une Française, Jeanne. Elle vient de passer 8 mois en Amérique du Sud et a fait plus de 80 % de son voyage avec sa meilleure amie. Nous avons beaucoup discuté de voyage à deux, de voyage en solo.

Elle m'a clairement dit qu'avec le recul, si c'était à refaire, elle repartirait avec son amie. Ces deux filles ont des caractères complémentaires et malgré les problèmes qu'elles ont pu rencontrer, elles s'entendaient très bien en voyage.

Tous les cas de figure sont possibles quand on voyage, à vous de trouver celui qui vous convient.

L'alternative du voyage en solo

Comme vous l'avez compris, vous êtes libre de votre destin, de partir avec qui vous voulez.

Mais sachez que vous pouvez partir voyager tout seul.

Ce n'est pas si effrayant.

Ce n'est pas si compliqué.

Et tout le monde peut le faire.

Les avantages et bienfaits du voyage en solo sont énormes. Au cours de ce livre, je vous présenterai les 12 bénéfices les plus importants du voyage en solitaire.

Chapitre 2 : La liberté d'aller où bon vous semble

Le premier bénéfice de voyager seul est la possibilité d'aller où vous voulez, peu importe le pays, la région ou la ville choisie. Vous êtes seul à décider et à choisir votre destination.

En voyageant seul, vous êtes libre de vos mouvements.

Vous pouvez aller où bon vous semble sans avoir à rendre de comptes à quiconque. Il n'y aura personne qui vous contredira dans vos plans.

C'est votre instinct et vos envies qui guident vos pas. Si vous préférez les grandes métropoles, vous y passerez plus de temps, mais si vous préférez la tranquillité d'une île isolée, pas de soucis, personne ne vous empêchera d'y aller.

Envie de partir précipitamment de l'endroit où vous

êtes ? Prenez le premier bus, taxi ou train qui vient et changez d'air.

Envie d'aller voir ce festival dont tout le monde parle depuis des jours, mais qui n'est pas prévu au programme ? Ce n'est pas grave, trouvez quelqu'un pour y aller avec vous et partez vous amuser.

Envie de sortir de la masse de touristes présente dans votre quartier ? Demandez aux locaux un quartier sympa où peu de touristes s'aventurent et allez chiner là-bas toute la journée.

Ce qui devient intéressant est de pouvoir changer vos plans rapidement et à l'infini. Lorsque l'on voyage seul, les plans initiaux changent tout le temps, c'est dans l'ADN du voyage et c'est ce qui rend les choses excitantes.

En groupe, l'inertie est plus importante, les décisions sont plus longues et généralement le voyage est beaucoup plus planifié.

À titre personnel

Je pense avoir compris la réelle valeur de cette liberté lors de mon séjour « backpacking » aux Philippines en 2012. Je suis parti avec mon sac à dos, je ne connaissais personne et à part un billet d'avion pour Manille, puis un vol pour l'île de Palawan, je ne savais pas vraiment ce que j'allais faire.

Au fur et à mesure de mes rencontres, j'ai pu décider des îles qui m'intéressaient, des évènements auxquels je voulais assister, etc. En un vol d'avion de 2 heures ou en un trajet de bateau, je pouvais me rendre où je souhaitais dans cet archipel magnifique.

Bien souvent, je prenais des décisions du jour au lendemain. Partir sans attaches m'a permis d'aller où bon me semble au gré du vent et de mes envies.

Je me souviens par exemple être resté sur la « White Beach » à Puerto Galera pendant 2 semaines alors que j'étais censé y passer 3 jours pour un festival de musique. J'étais trop bien installé dans ma petite guesthouse au bord de la plage à manger du poisson frais tous les jours.

À l'inverse, je comptais rester 1 ou 2 semaines dans la ville de Cebu, dans le but de rencontrer des gens et de vivre en ville pour un petit moment. Je n'ai pas vraiment aimé l'atmosphère et je n'y ai dormi que 2 nuits. La suite, c'était un bus direction les îles Camiguin où je me suis retrouvé quasiment seul sur une magnifique plage en compagnie de locaux pendant 1 semaine.

Comment cette liberté de mouvement va-t-elle vous changer ?

Vous allez devenir plus indépendant dans les choix que vous faites. En consultant toutes les informations disponibles (sur internet, dans les livres, en parlant aux voyageurs, en demandant des conseils aux locaux...), vous allez décider en toute connaissance de cause.

Vous allez gagner en responsabilité, car si vous faites un mauvais choix de destination, cela sera de votre faute. À vous de comprendre pourquoi cela ne s'est pas bien passé et surtout de retenir cette expérience par la suite.

Vous allez comprendre ce qui vous plait dans un endroit, vous allez expérimenter et acquérir au fil du temps un feeling personnel et rapide pour les destinations.

Chapitre 3 : Avancer à votre rythme

Le deuxième bénéfice de voyager seul est celui d'aller au rythme qui vous convient et non de vous adapter aux autres. Il est temps de voyager à votre cadence et de profiter de votre voyage comme vous le sentez sur le moment.

Chacun possède son propre rythme de voyage.

Certains aiment aller vite dans leurs visites, certains aiment faire un maximum de choses en un minimum de temps, certains veulent prendre le temps d'apprécier un monument ou une ressource naturelle, certains veulent s'installer pendant quelques semaines à un endroit pour voir comment vivent les gens.

Certains décident même de rester des mois ou des années, car ils sont tombés amoureux de l'endroit où ils sont. On en rencontre plus d'un sur les routes !

Sachez que vous si vous êtes accompagné, vous ne voyagerez jamais au rythme que vous souhaitez vraiment. Il y aura toujours des concessions à faire.

Certaines personnes voyagent encore plus lentement, comme Alizé et Maxime qui aiment rester plusieurs mois dans un seul endroit. Ils sont adeptes de ce qu'on appelle le « slow travel » ou bien le « voyage lent ». L'interview est disponible ici : http://traverserlafrontiere.com/podcast-018-voyager-volontariat/

Au contraire, on peut retrouver des voyageurs qui aiment en voir un maximum : un maximum de pays, de villes, de monuments ou faire énormément d'activités. Je pense notamment à Chris Guillebeau (http://chrisguillebeau.com) qui a décidé de visiter tous les pays du monde avant d'avoir 35 ans. Il a d'ailleurs réussi son pari, je vous conseille de lire son blog ou d'acheter un de ses livres, toujours très réussis.

Aucun rythme n'est mieux qu'un autre. Le meilleur rythme est celui qui colle à votre personnalité, au temps disponible et à vos objectifs.

En voyageant seul, vous prenez la liberté d'aller au rythme qui vous convient, au rythme qui vous rend heureux et au rythme qui vous fera apprécier votre voyage.

À titre personnel

J'aime voyager lentement, prendre le temps de découvrir les choses, de parler aux gens, de connaitre la culture. Je trouve le voyage beaucoup plus enrichissant comme cela.

Par exemple, à l'heure où j'écris ces lignes en mars 2015, je vis à Barranquilla, une ville au nord de la Colombie. Ce n'est pas une ville touristique et il n'y a pas énormément de choses à faire dans le coin.

J'ai décidé de m'installer ici pour quelques mois afin de me familiariser avec la culture colombienne, d'améliorer mon espagnol, de vivre avec des locaux et de travailler sur mes différents projets.

De cette façon, je ne pourrai pas voir toutes les attractions de la Colombie, toutes les plages ni toutes les villes, mais peu importe, nous avons toute la vie devant nous pour ça. En agissant ainsi, j'ai vraiment l'impression de ressentir le pouls d'un pays et d'en comprendre les enjeux plus facilement.

Nul doute qu'accompagné, ce rythme lent n'aurait pas plu à mon compagnon de voyage.

Comment ce choix du rythme va-t-il vous changer ?

Voyager à l'allure qui vous plait va tout simplement vous rendre plus heureux. Il s'agit de votre vie que vous prenez en main, qui se déroule en accord avec vos objectifs ou tout simplement avec votre envie du moment.

Vous pouvez voir que votre rythme n'a pas à être dicté par quelqu'un d'autre et qu'il est plus gratifiant d'agir comme vous le souhaitez. Cela peut rendre le retour à la vie métro-boulot-dodo assez difficile où nos choix d'horaires et de lieux sont plus restreints.

En tout cas, profitez-en tant que vous êtes sur la route.

Chapitre 4 : Passer du temps avec qui vous voulez

Le troisième bénéfice de voyager seul est de pouvoir décider avec qui vous allez passer votre temps.

J'adore rencontrer de nouvelles personnes quand je voyage, c'est l'une des raisons principales pour lesquelles je pars. Rencontrer des locaux ou d'autres voyageurs permet de vous enrichir et d'apprendre de nouvelles choses sur le monde qui vous entoure.

Lorsqu'on voyage à plusieurs, nous avons tendance à rester entre nous, au sein du groupe et pas forcément à nous ouvrir vers les autres. Il s'agit d'une logique de clan, compréhensible et qui nous rassure.

Des opportunités ratées.

Le problème est qu'en restant avec vos compagnons de voyage, vous manquez un nombre incroyable d'occasions de rencontrer des personnes différentes. Des opportunités qui sont présentes à chaque instant d'un voyage.

Pensez à votre dernier voyage en groupe, quel qu'il soit. Avec combien de personnes inconnues avez-vous eu une discussion de plus de 5 minutes par jour ?

Le chiffre n'est probablement pas énorme et c'est normal. En voyageant en solo, vous pouvez multiplier ce chiffre par 10 et c'est d'autant plus d'opportunités qui se présentent à vous.

Nous avons tous des affinités différentes et des types de personnalités avec qui nous préférons être. Vos compagnons de voyage préfèrent rencontrer d'autres Français ou touristes. Par contre, vous, vous aimeriez rencontrer des locaux possédant une culture très différente de la vôtre.

Comment faire ? Ce n'est jamais facile et là encore c'est une question de compromis.

Pour moi, c'est l'une des principales forces du voyage en solo, vous êtes amené à aller vers les autres et vous allez pouvoir découvrir leurs histoires, leurs mondes, leurs modes de vie et vous allez apprendre un tas de nouvelles choses.

Et si quelqu'un ne vous plait pas, vous avez juste à lui dire « au revoir », plus besoin de supporter les autres ou de se prendre la tête pour rien.

C'est aussi le moyen d'être seul.

Qui dit choix de passer du temps avec qui l'on veut, signifie aussi de passer du temps tout seul.

Si à un moment vous avez juste envie d'être seul, personne ne viendra vous embêter en vous disant que vous vous la jouez « solo » ou que vous cassez « l'ambiance ».

Introverti ou extraverti, je pense que nous pouvons tous profiter de temps avec soi-même.

À titre personnel

Je suis plutôt de nature introvertie, j'apprécie grandement mon temps seul. Je peux travailler, lire, faire du sport, apprendre de nouvelles choses, méditer...

C'est l'une des raisons pour lesquelles je voyage seul. Être avec quelqu'un 24/24 h se révèle assez compliqué pour ma personnalité.

A contrario, j'adore passer du temps avec de nouvelles personnes.

Mais ce que je veux, c'est avoir le choix, ne pas subir avec qui je passe mon temps. Passer plus de temps de qualité avec les personnes que j'aime et « éliminer » les personnes qui émettent des ondes négatives dans ma vie.

Comment ce choix de personnes va-t-il vous changer ?

Vous allez choisir avec qui vous voulez passer du temps, il s'agit là d'une richesse incroyable.

Si vous avez décidé d'apprendre une nouvelle langue, passez du temps avec une personne qui la parle afin de pratiquer et d'améliorer votre niveau.

Si vous avez décidé d'être un peu plus aventureux/sportif, trouvez un local ou un voyageur expérimenté qui vous apprendra des choses ou vous emmènera dans de nouvelles aventures.

Enfin, cela va vous permettre de comprendre comment les gens influencent votre comportement et avec quels types de personnes vous souhaitez passer plus de temps. C'est une leçon qui vous servira évidemment une fois rentré.

Chapitre 5 : Faire ce que vous avez vraiment envie

Le quatrième bénéfice de voyager seul permet de vivre la vie que vous voulez et faire ce que vous aimez.

En effet, après la liberté d'aller où vous voulez, au rythme que vous voulez et avec qui vous voulez, que pensez-vous de faire ce que vous voulez ?

Faire les activités que vous aimez, aller manger dans les endroits que vous préférez, dormir quand vous voulez, faire la fête si vous le voulez... ou tout simplement ne rien faire.

Moi ça me parle, c'est probablement votre cas aussi !

Les activités en groupe...

À chaque fois que vous partez en voyage en groupe, vous pouvez être sûr que chacun aura envie de faire des choses différentes. C'est assuré ! Nous avons tous des envies et des passions différentes, c'est normal.

Nous allons illustrer ça avec des exemples :

- Vous êtes plutôt vacances sportives, mais vos amis sont plutôt vacances « farniente » ;

- Vous êtes un gros fêtard, mais vos amis sont plutôt des lève-tôt ;

- Vous préférez manger local, mais vos amis préfèrent les grandes chaînes de fast-food ;

- Vous préférez passer du temps dans la nature, mais vos amis préfèrent visiter tous les monuments en ville ;

- Vous êtes très sociable et préférez parler à beaucoup de gens, mais vos amis préfèrent rester entre eux, dans le groupe sans être vraiment curieux ;

- Etc.

Bien sûr, vous pouvez faire vos activités dans votre coin, mais cela va souvent à l'encontre de la « dynamique de groupe » de faire des choses tout seul. Du coup, cela va créer des discussions inutiles, voire des conflits.

C'est pour cette raison qu'en colonie de vacances, il y avait les « quartiers libres » ! Mais on n'est plus en colo là, n'est-ce pas ?

Comment éviter cela ?

Vous l'aurez deviné, c'est dans le titre du livre : voyager seul. Vous aurez alors le loisir de faire exactement ce qu'il vous plait.

Le bonus du voyage en solo est de pouvoir rencontrer des personnes qui ont envie de faire exactement la même chose que vous. Pourquoi pas un nouvel ami en perspective ?

Voici un exemple extrêmement courant dans les auberges de jeunesse.

Il est vendredi soir, vous arrivez dans une nouvelle ville et vous êtes seul, mais vous aimeriez bien sortir boire des coups dans un bar.

En discutant un peu autour de vous avec les autres voyageurs, la probabilité de rencontrer une personne (ou un groupe) qui a exactement la même envie que vous est très haute !

En quelques heures, vous aurez accompli deux choses : vous êtes allé vous amuser et vous avez fait connaissance avec une nouvelle personne.

À titre personnel

Je me souviens que lors d'un meeting Couchsurfing aux Philippines, j'ai rencontré une fille passionnée de plongée.

C'est un sport que j'ai toujours eu envie de tester, d'autant plus que j'étais dans un pays considéré comme un « paradis de la plongée ». Quelques jours après avoir discuté avec cette fille, je suis parti avec elle pour une séance d'essai et j'ai été rapidement conquis.

J'ai par la suite passé mon diplôme PADI et fait des dizaines de plongées en Asie.

Grâce à cette expérience, j'ai vécu d'incroyables moments sous l'eau et découvert un sport que j'apprécie beaucoup.

Comment cette liberté dans vos activités va vous changer.

Je pense que pour être heureux, il faut faire des choses qui nous rendent heureux. Régulièrement. Peu importe lesquelles.

En faisant le choix de choisir ce que vous voulez et de ne pas subir la volonté des autres, vous allez tout simplement devenir plus heureux. Découvrir les choses qui vous font avancer et progresser dans la vie.

Le gros bonus du voyage est de pouvoir découvrir plein de nouvelles activités qu'on ne pourrait pas forcément faire en France, soit car elles n'existent tout simplement pas, soit parce qu'elles représentent un coût prohibitif. La plongée fait partie de ces activités, mais d'autres sports extrêmes ou des sports originaires d'un certain pays comme la boxe thaïlandaise sont souvent plus accessibles à l'étranger.

Chapitre 6 : Devenir autonome et indépendant

Le cinquième bénéfice de voyager seul est de devenir beaucoup plus autonome dans votre vie.

Il faut savoir que lorsque nous sommes nés, nous étions dépendants, ne pouvant subvenir seuls à nos besoins.

Une des finalités de la vie est de pouvoir évoluer et se débrouiller tout seul, processus qui prend plus ou moins de temps selon la vie et l'environnement de chacun.

Le voyage forme la jeunesse.

Je peux vous affirmer que partir voyager seul est l'un des meilleurs moyens de gagner en autonomie et indépendance. Vous allez vous retrouver seul dans un environnement inconnu et il va falloir survivre par vos propres moyens !

Se repérer dans une nouvelle ville, trouver un endroit pour dormir, se nourrir trois fois par jour, décider que faire de vos journées, quelle direction prendre dans son voyage... Autant de décisions que vous devez prendre seul et qui vont vous obliger à vous débrouiller seul.

Vous êtes perdu ? Vous allez demander votre chemin à quelqu'un.

Vous vous ennuyez ? Vous allez trouver quelque chose à faire.

On vous propose plusieurs activités à faire ? Vous allez devoir faire un choix.

Lorsqu'on voyage seul, nous sommes constamment amenés à faire des choix, plus ou moins importants.

Le mode « pilote automatique » que l'on peut avoir chez soi, avec sa routine, est révolu. Il faut maintenant se débrouiller et c'est comme cela qu'on évolue personnellement.

Il faut devenir plus responsable, car il est indispensable de gérer son organisation, sa sécurité ou encore son budget, et ce n'est pas quelque chose d'inné, mais qui s'apprend avec l'expérience.

À titre personnel

Je me souviens quand je suis parti seul en Slovaquie pour étudier un semestre lorsque j'avais 22 ans.

Je n'avais jamais vécu en dehors du cocon familial, j'avais des connaissances culinaires proches du néant, j'avais toujours été dans un environnement familier et jamais tout seul dans l'inconnu.

Comme je l'explique dans cet article du blog, j'ai énormément appris durant cette expérience, notamment à être indépendant et à gérer ma liberté.

Ce que je regrette, c'est de ne pas être parti plus tôt, à 18 ans !

Votre indépendance sur le bon chemin.

Être autonome et indépendant sont des qualités qui servent toute votre vie, peu importe où vous êtes et ce que vous faites. Votre personnalité va changer et vous allez voir que vous n'avez besoin de personne pour accomplir vos rêves.

Pour illustrer cette idée, j'aime beaucoup la citation de Jinna Yang (http://greaseandglamour.com/)

« Well stop waiting around for someone else to make it happen, and make it happen for yourself. When you take control and travel solo, you're forced to rely on yourself. »

En français :

« Arrêtez d'attendre que quelqu'un le fasse pour vous et faites-le vous-même. Lorsque vous prenez le contrôle et voyagez seul, vous êtes obligés de compter sur vous-même. »

Bref, prenez le contrôle de votre vie !

Chapitre 7 : Se découvrir et être enfin soi-même

Le sixième bénéfice de voyager seul est de pouvoir se découvrir sans tout le « bruit » qui nous entoure dans notre vie.

Vous êtes seul, loin de vos connaissances, dans un endroit inconnu. Et s'il était temps d'être vous-même ?

Oui, vous-même, sans la superficialité que crée notre société occidentale, sans les a priori que les autres ont sur vous, sans les obligations que vous vous êtes créées ou encore sans les technologies qui vous entourent.

Juste vous. Votre corps. Votre esprit.

Voyager seul signifie aussi la découverte de soi.

On étudie, on travaille, on a nos loisirs, on sort, on a une famille et l'on est rarement seul. La routine nous habitue à répéter sans cesse nos actions sans vraiment comprendre pourquoi nous les faisons.

En voyageant seul, vous allez explorer et découvrir toutes les facettes de votre personnalité qui n'ont pas la chance d'être exploitées dans le quotidien « métro, boulot, dodo ».

Vous allez apprendre comment votre corps réagit à différents stimuli, comment votre esprit fonctionne dans un nouvel environnement, comment vous exprimer face à des inconnus.

En voyage, tous les sentiments sont exacerbés, c'est à ce moment que l'on se découvre.

Partir seul ne signifie pas ressentir la solitude tout le long de votre voyage (voir le bénéfice n° 9 sur les rencontres), mais il permet de se retrouver seul lorsqu'on le souhaite. Que ce soit dans une chambre, un temple, au milieu d'une forêt, sous l'eau, au sommet d'une montagne, ou sous les étoiles durant une nuit de camping, vous trouverez le temps de réfléchir profondément à la signification que vous souhaitez donner à votre vie.

Partir seul permet de réfléchir sur soi-même et de vraiment comprendre qui nous sommes et ce que nous voulons faire. Il permet de prendre le recul nécessaire.

Le vrai vous

Lorsque vous voyagez seul, vous avez la chance d'être enfin vous-même. Aucune personne de votre entourage ne peut vous juger et vous êtes libre de faire ce que vous souhaitez.

Votre esprit créatif est bridé par une vie à 100 à l'heure dans une grande ville ? Prenez enfin le temps de découvrir de grands espaces, de nouveaux décors, de nouvelles sensations pour vous exprimer.

Vous sentez que vous vous retenez lors de votre vie sociale ? À l'étranger, lâchez-vous ! Découvrez vos limites et faites ce que vous pensiez impossible de faire chez vous (tout en respectant autrui et les habitudes locales).

Se retrouver seul à l'étranger a la force de vous placer dans la position d'un inconnu. Il sera alors d'autant plus facile d'être naturel et de vous présenter en tant que vous-même, sans artifice.

À titre personnel

J'ai énormément appris sur moi-même durant mes voyages en solo.

J'ai appris que j'aimais voyager tout seul, j'aime cette liberté que ce type de voyage procure.

J'ai aussi appris que je ne pouvais pas plaire à tout le monde, j'ai appris la patience, j'ai appris à sourire, j'ai appris l'humilité. J'ai aussi appris qu'il était possible de tout faire et de tout apprendre dans ce monde, les limites de nos capacités sont celles que l'on se crée dans notre cerveau.

Je pense que la vitesse d'apprentissage sur nous-mêmes est décuplée lorsqu'on voyage seul.

Votre découverte

Voyager en solitaire, c'est partir pour un voyage intérieur à la découverte de vous-même, de votre personnalité, de la mission qui anime votre vie, de vos qualités, de vos relations avec les autres, de vos défauts ou de votre façon de vivre.

Et vous savez quoi ? Si vous avez envie de travailler votre imagination, pourquoi ne pas vous inventer une vie, une histoire ? Personne n'en saura rien et ça peut être drôle !

Profitez de ce voyage en solo pour enfin être vous-même ou découvrir qui vous êtes vraiment.

Chapitre 8 : Le témoignage d'Amélie, voyageuse en solo

Voyager seul peut paraitre effrayant et vous hésitez peut-être encore à franchir le pas. Quoi de mieux que des histoires de personnes qui sont passées par là avant vous ?

C'est pour cette raison que je vous propose 2 témoignages exclusifs.

Le premier est celui d'Amélie, une voyageuse en sac à dos qui préfère les voyages au long cours. Elle a aujourd'hui 29 ans et a déjà parcouru plusieurs continents ces dernières années.

Vous pouvez retrouver ses aventures sur son blog : http://mamaisonsurledos.com.

1 — Quand es-tu partie en solo et pour combien de temps ?

Mon premier vrai voyage solo, c'est quand je suis partie en Australie en 2009 avec le PVT. J'avais voyagé en Europe avant et vécu en Angleterre, mais ce voyage en Australie était différent. Je partais à la découverte de l'inconnu à l'autre bout du monde toute seule, en me disant que j'allais y faire ma petite place ! Je n'avais aucun plan en particulier, je voulais juste changer complètement de vie.

J'ai donc atterri à Melbourne où j'ai trouvé un petit job de serveuse et la meilleure colocation du monde ! J'y ai vécu pendant 8 mois insouciants, visité le pays de long en large, rencontré de très belles personnes sur mon chemin qui sont encore mes amis proches aujourd'hui.

Ce premier voyage en solo m'a apporté tout ce dont j'avais besoin et je suis rentrée en France bien plus heureuse.

2 — Quels continents/pays as-tu visités ?

L'Australie, bien sûr ! Puis j'ai fait un tour en Asie, où j'ai eu un coup de cœur pour le Cambodge et les Philippines. Je me suis baladée en Europe, j'ai jeté un coup d'œil à la vibe de New York puis je me suis installée en Argentine. L'Amérique du Sud est vibrante et passionnante. Je projette de retourner y vivre tellement j'ai adoré !

L'Argentine, malgré tous ses dysfonctionnements, est très attachante. Et les latinos sont les meilleurs ! J'ai créé de belles amitiés là-bas, ce qui m'a permis notamment de visiter le Venezuela pour rencontrer les familles de mes amis. Une vraie prise de conscience pour moi, et si tu me poses des questions aujourd'hui sur le Venezuela, prépare-toi à m'entendre te répondre avec ferveur pendant au moins 20 bonnes minutes... Haha ! J'en ai profité pour faire le tour des pays voisins : Paraguay, Uruguay, Brésil.

Article pour visiter le Venezuela : http://mamaisonsurledos.com/ameriques/peut-on-voyager-au-venezuela/

C'est marrant parce qu'on me demande souvent combien de pays j'ai visités et je suis incapable de répondre à cette question. Et pour être honnête, je suis contente de ne pas les compter !

C'est un choix : je ne fais pas la course, mais je savoure plutôt le plaisir de prendre mon temps. J'adore passer plusieurs mois dans un pays pour apprendre à connaitre ses habitants, m'intégrer à un nouvel environnement et me créer une nouvelle routine. Je ressors grandi à chaque fois !

Je pense qu'il faut passer minimum 6 mois dans un pays pour commencer à le connaitre !

3 — Pourquoi as-tu décidé de partir seule ?

Tout simplement parce que je n'étais pas vraiment heureuse en France.

J'avais un bel appartement, un travail correct, je consommais à outrance et pourtant il me manquait quelque chose... J'avais une vie sociale bien remplie, mais il me manquait toujours quelque chose.

Quand je pensais à construire une carrière, à acheter un appartement, à m'installer, ça ne me faisait pas rêver. Par contre, quand je m'imaginais faire un road trip, découvrir les temples d'Asie et nager dans des eaux cristallines, là j'avais les yeux qui brillaient !!!

Alors je me suis bougée et j'ai tenté l'aventure !

Je souhaitais partir toute seule pour me mettre en difficulté. Ça peut paraitre un peu maso dit comme ça, mais je savais que je focalisais sur des choses qui n'étaient pas importantes. En recommençant tout depuis le début ailleurs, je voulais que mes problèmes soient plus primaires : trouver de quoi gagner de l'argent, où dormir et me faire des amis. Je me suis dit que je n'aurais pas le temps de me polluer l'esprit avec d'autres préoccupations futiles pendant ce temps. Et ça a marché !

Ça m'a permis d'être plus sereine, de reprendre confiance en moi et de savoir quelles étaient mes valeurs et ce sur quoi il fallait que je me concentre.

Tout ce qu'on fait dans la vie, en fin de compte, c'est pour ressentir des émotions. On travaille pour gagner de l'argent et pour se sentir utile, on gagne de l'argent pour consommer et se sentir sexy, on aime pour se sentir aimé.

Moi j'ai décidé de voyager pour me sentir vivante et pour me remettre en question continuellement !

4 — Ton meilleur souvenir de ce voyage ?

Pas facile de répondre à cette question ! Il y en a tellement...

J'hésite entre mon trekking sur les glaciers de Patagonie ou mon road trip en van en Australie

Ces deux expériences m'ont permis de goûter à la liberté absolue. Je me suis senti l'âme d'une exploratrice et j'ai vu des paysages incroyables !

5 — Et ta pire expérience ?

Pour être franche, je n'ai pas eu de vraies grosses galères en voyage.

Ma plus grosse frayeur a été quand je me suis fait arrêter à l'aéroport au Venezuela et que j'ai eu le droit à une fouille et un interrogatoire interminable à la douane. La manière dont tout ça s'est déroulé m'a filé des sueurs froides et j'ai vraiment cru qu'on avait caché de la drogue dans mon sac à dos... Mais bon, au final, tout s'est bien terminé !

6 — Peux-tu nous raconter une histoire qui illustre pour toi le « voyage en solo » ?

Paradoxalement, pour moi, le voyage solo s'illustre par toutes les belles rencontres que l'on fait sur la route.

Je suis partie toute seule, et pourtant j'ai toujours été entourée par des personnes incroyables ! En voyageant seule, j'étais indépendante et je me donnais la possibilité de rencontrer des personnalités différentes de mon cercle d'amis habituel. J'ai appris à devenir plus tolérante et ouverte d'esprit.

Par exemple, en voyageant à Buenos Aires j'ai rencontré Frayimna, une petite Vénézuélienne excentrique au rire contagieux. Le feeling passe bien entre nous deux, elle me propose de venir habiter avec elle dans sa colocation. Quatre mois après, je pose mes valises en Argentine et décide d'y vivre pendant un an ! Et quelques mois après je fête Noël dans sa famille et je danse sur des airs de merengue avec son papa sur la place d'un village au fin fond du Venezuela...

Comme quoi les rencontres peuvent nous mener loin !

7 — Quel a été ton bilan de ce premier voyage seul ?

Hyper positif ! Je suis rentrée en France différente.

Tellement différente qu'il fallait que je reprenne la route ! Je suis partie un an après vivre en Amérique du Sud où j'ai notamment rencontré mon copain qui se trouve être... australien ! Comme quoi tout est lié et rien n'arrive par hasard ! Je pense vraiment que l'on construit notre propre chemin par les choix que nous prenons tous les jours ! Donc je vis maintenant en Australie !

8 — Selon toi, pour quelles raisons toute personne devrait-elle tenter de voyager seule ?

Tout simplement pour voir ce qui se passe ailleurs et apprendre à relativiser. On a tendance à se plaindre, et encore plus nous, avec nos têtes de mule de Français... On voit toujours ce qu'on n'a pas au lieu d'être reconnaissant pour ce que l'on a !

Voyager nous met dans des situations inconfortables où il faut apprendre à se débrouiller. Du coup, on commence à apprécier les petits plaisirs à leur juste valeur, on accorde beaucoup d'importance à ceux qui nous entourent et l'on arrête de se focaliser sur notre petite personne.

En plus, ça ferait du bien à beaucoup de personnes de voyager pour prendre conscience des challenges environnementaux qui nous font face et changer leurs habitudes de consommation !

9 — Avec ton expérience, quel conseil donnerais-tu à la « Amélie d'avant voyage » ?

Fonce ! La route est belle !

Crois en toi, rêve en grand et vois le positif dans

chaque personne et dans chaque expérience !

Merci à Amélie pour son témoignage.

Chapitre 9 : Une adaptation à toute épreuve

Le septième bénéfice de voyager seul est d'améliorer votre capacité à vous adapter à n'importe quelle situation.

En voyageant, vous vous heurtez à d'autres cultures, d'autres façons de penser et à des environnements vraiment différents de chez vous.

Que ce soit un choc culturel (nourriture), un choc émotionnel (pauvreté) ou un choc physique (climat), vous êtes mis à rude épreuve durant votre voyage en solo. Bonne nouvelle, ces épreuves vous rendent plus fort et vous permettent de vous forger une personnalité plus forte.

S'adapter dans un pays étranger

Il faut impérativement vous adapter à votre pays d'accueil et non l'inverse.

On voit souvent des touristes ou voyageurs qui essaient d'importer leurs cultures, leurs coutumes en voyage et généralement ça ne fonctionne pas. C'est notamment pour cette raison que les Français ont une réputation de râleurs à l'étranger...

Ne pas respecter les règles locales, ne pas respecter les coutumes, ne pas respecter les locaux sont des attitudes à proscrire et peuvent vous conduire à gâcher votre voyage.

Deux exemples

Par exemple aux États-Unis, le Code de la route est très strict et les interactions piétons/voiture aussi. Ne pensez pas à traverser la route lorsque le feu est vert, ne pensez pas à rouler plus vite que la vitesse maximale, ne pensez pas à vous garer n'importe où... Les amendes sont extrêmement dissuasives !

À l'inverse dans des pays asiatiques avec une très forte différence culturelle (Indonésie, Thaïlande, Inde...), le Code de la route n'a que peu d'importance, mais le respect des autres et de la religion est très important. Essayez d'entrer dans un temple avec une tenue indécente ou tentez de régler un conflit de manière forte (hausser la voix, en venir physiquement aux mains...) et vous n'arriverez à rien, bien au contraire.

En contact avec des populations différentes, des cultures différentes, des environnements différents ou des langues différentes, vous allez énormément apprendre et vous adapter au contexte.

À titre personnel

La première fois que j'ai mis le pied en Asie du Sud-est, j'ai suffoqué ! Arrivé à Kuala Lumpur en Malaisie, le climat était insupportable ! Très chaud, très humide, je transpirais, je ne me sentais pas à l'aise et honnêtement je me demandais ce que je faisais ici.

3 jours après, j'atterrissais aux Philippines et rebelote, je me sentais oppressé à Manille, dans cette métropole gigantesque, au climat tropical, polluée, bruyante avec du monde partout et une grande pauvreté.

Au fur et à mesure, je m'y suis habitué et ces changements brusques ne me touchent plus au même niveau aujourd'hui. Lorsque je suis allé en Indonésie ou reparti aux Philippines en 2014, la différence de climat m'importait assez peu.

Je m'adapte beaucoup plus facilement aux pays que je visite.

Comment l'adaptation vous change.

Le changement implique une adaptation. Cela fait des siècles, des millénaires, que l'environnement change et que l'Homme s'adapte, c'est dans notre nature.

Tout change rapidement lorsqu'on voyage seul et il n'y a pas de partenaire à qui se raccrocher. Il faut donc s'adapter et évoluer.

Cela peut paraitre compliqué au début, mais vous êtes naturellement conçu pour vous adapter. Après quelques ajustements, vous serez beaucoup plus à l'aise.

C'est une capacité qui vous servira dans la vie de tous les jours.

Prenons l'exemple d'un nouveau travail, un déménagement ou une situation personnelle qui évolue, vous avez vécu bien pire dans votre voyage en solitaire ! Vous vous adaptez beaucoup plus rapidement.

Plus vous voyagez, plus votre capacité d'adaptation augmente.

Chapitre 10 : Apprendre à aimer les challenges

Le huitième bénéfice de voyager seul est celui d'affronter les challenges de la vie quotidienne beaucoup plus facilement et de pouvoir se dépasser.

Voyager seul est un challenge en soi ! Je ne vous apprends rien.

Au cours de votre voyage, chaque journée peut se révéler un véritable challenge. Vous allez constamment sortir de votre zone de confort, apprendre de nouvelles choses et devenir confortable avec l'inconnu.

Les types de challenges

Lorsqu'on voyage, nous devons faire face à de nouveaux challenges qui n'auraient pas lieu d'être dans votre vie quotidienne. Une excitation et une adrénaline que l'on recherche tous dans la vie !

Voici quelques challenges que vous pouvez faire en voyageant seul :

- Apprendre les mots de base d'une langue étrangère pour communiquer ;
- Essayer de prendre les transports communs (bus, métro...) ;
- Parler à un inconnu pour connaitre son histoire ;
- Partir une journée sans plan ni téléphone à la découverte d'un quartier ou d'une ville ;
- Faire du stop pour se déplacer ;
- Tester de la nourriture inconnue ;
- Dormir chez un inconnu grâce au Couchsurfing ;
- Etc.

Effrayants au départ, ces challenges deviennent un jeu d'enfant au fur et à mesure du temps. Ils permettent d'améliorer la confiance en soi, d'être moins timide et surtout d'apprendre beaucoup de choses sur nous-mêmes.

En plus de ces challenges quotidiens, en voyage on a tendance à faire beaucoup plus d'activités inconnues ou plus risquées que chez soi. C'est souvent moins cher et le fait de prendre des risques est inhérent au voyage en solo.

Sans compter que l'on a généralement beaucoup plus de temps pour faire tout ça !

À titre personnel

Au moment où j'écris ce livre (mars 2015), je suis en Colombie et la semaine dernière, je participais en tant que jury à un concours de chant pour juger le français des participants. Un des organisateurs m'a demandé si je souhaitais participer à une émission de radio en direct diffusée dans toute l'Amérique latine.

Je n'avais jamais fait ça de ma vie, mais j'ai vu cela comme un challenge intéressant et je me suis lancé ! Ah oui, c'était en espagnol...

Je n'ai probablement pas été très bon, mais c'était une expérience intéressante, et nous nous sommes bien amusés à faire ça avec l'animateur radio.

Un autre exemple qui me vient à l'esprit est d'avoir testé le parapente pour la première fois lorsque j'étais à Malang en Indonésie, adrénaline garantie !

Comment ces challenges vont-ils vous transformer ?

Se diriger vers l'inconnu, expérimenter et faire des choses dont on ne se pensait pas capable, voilà les joies du voyage en solo.

Votre personnalité va forcément évoluer. D'ailleurs, vous ne les percevrez plus comme des risques.

Lorsque vous reviendrez chez vous, parler à cet inconnu, aller tout seul à cette soirée, réaliser cet exploit sportif ou tout autre challenge ne sera plus aussi compliqué.

Au fur et à mesure de vos voyages (encore plus lors d'un voyage en solo), les challenges seront plus faciles d'accès grâce à votre expérience. Vous vous sentirez alors plus en confiance pour aborder n'importe quel évènement de la vie.

Chapitre 11 : Faire plus de rencontres

Le neuvième bénéfice de voyager seul est celui de faire beaucoup de rencontres sur la route et d'agrandir son cercle social de façon exponentielle.

Que ce soit des locaux, des voyageurs ou des expatriés, au cours de votre voyage, beaucoup d'opportunités s'ouvrent à vous pour rencontrer de nouvelles personnes.

En groupe, nous avons tendance à rester entre nous. En voyagent seul, c'est le contraire qui se passe, on s'ouvre plus facilement aux autres.

On est rarement seul lorsqu'on voyage en solitaire

C'est l'une des plus grosses fausses idées qu'il existe lorsqu'on parle de voyageur seul. Beaucoup de gens pensent que l'on va rester seul dans son coin, que l'on va s'ennuyer et que l'on ne va parler à personne.

Rien n'est plus faux. Même pour les plus timides !

Lorsqu'on voyage seul, deux choses se produisent :

- On meurt d'envie de parler aux gens (sinon on reste seul) ;

- On est beaucoup plus abordable (car seul).

La combinaison de ces deux facteurs fait que nous sommes plus ouverts et que l'on va plus facilement vers les gens.

Si vous demandez à n'importe quelle personne qui a décidé de voyager seul s'il est facile de rencontrer des gens, la plupart vous diront que oui. Ces rencontres font partie des meilleurs souvenirs de voyages.

Les rencontres sur la route rendront votre voyage beaucoup plus riche. Pote d'un soir, compagnon de route, amour de voyage, hôte accueillant, ami pour la vie, peu importe les types de rencontres, elles vont vous enrichir et vous permettre d'agrandir votre réseau.

Je pense que les 3 moyens les plus simples de rencontrer des gens lorsqu'on voyage seul sont :

- Rester dans une auberge de jeunesse et sympathiser avec les autres voyageurs ;

- Utiliser Couchsurfing pour dormir chez

l'habitant ou participer à un évènement ;

- Poser des questions aux locaux sur leurs villes/quartiers.

À titre personnel

Je ne compte plus les rencontres que j'ai faites sur la route, elles ont été nombreuses, certaines très courtes, d'autres très longues, mais dans tous les cas enrichissantes.

Par exemple en mars 2014, je suis parti aux Philippines pour 3 semaines de vacances. Le but était de me reposer, sortir de la grisaille parisienne, revoir quelques amis et profiter de la vie dans les îles tropicales.

Vers la fin de mon séjour, j'ai décidé de passer 4 jours sur l'île de Boracay. J'ai beaucoup hésité avant d'y aller car c'est un endroit très touristique et plutôt cher. Je me suis quand même lancé dans l'optique de faire la fête, de profiter de sa magnifique plage et de revoir une amie que j'avais rencontrée 2 ans plus tôt.

Cette amie n'avait pas beaucoup de temps à me consacrer, car elle travaillait beaucoup. Pas démonté pour un sou, je suis parti en quête de nouveaux amis pour m'amuser. Le soir même, il y avait un « pub-crawl », une sorte de soirée où les voyageurs payent 20 € pour aller dans différents bars/clubs avec des verres gratuits et une ambiance garantie.

Je suis arrivé au point de rendez-vous, affublé d'un t-shirt jaune et d'un verre à shot, prêt pour la soirée ! Il est généralement très facile de parler aux gens dans ce genre d'évènement, il suffit de lancer un « Hi, where are you from ? » et la discussion est engagée.

Bref, j'ai rencontré beaucoup de personnes durant cette soirée et parlé avec elles, mais j'ai surtout eu une très bonne connexion avec Alejandra, une colombienne. On s'est bien entendu et j'ai passé la quasi-totalité de mon séjour sur l'île avec elle. J'ai pu pratiquer un peu mon espagnol bien rouillé à l'époque...

Quand je suis rentré en France, je n'imaginais pas la revoir de si tôt, elle vivait en Belgique et voyageait en Asie et en Amérique du Sud. Quand j'ai décidé de prendre mon billet d'avion pour la Colombie en octobre 2014, j'ai recontacté Alejandra pour lui demander des conseils sur le pays.

Qu'elle fut ma surprise lorsqu'elle m'a dit qu'elle était retournée vivre à Bogota ! Ainsi, une fois arrivé sur place, elle m'a aidé dans mes premiers pas, a fait office de guide de la ville et nul doute que je la reverrais un de ces jours.

Ce type de situation s'est répétée plusieurs fois durant mes voyages, je rencontre des gens aux 4 coins de la planète, je les recroise et au final je me fais plein de nouveaux amis !

Ce que toutes ces rencontres changent pour vous.

Tout d'abord, plus de rencontres signifient plus d'opportunités, que ce soit durant votre voyage, votre vie professionnelle, votre vie sentimentale... Toutes ces rencontres vous permettent de faire des choses que vous n'auriez pas eu l'occasion de faire dans un autre contexte.

En voyageant seul, les amis que vous allez vous faire vont être différents de ceux que vous avez chez vous. D'autres personnalités, d'autres nationalités et d'autres visions de la vie. Tout cela permet d'élargir votre horizon, d'apprendre énormément de choses sur le monde, sur les autres et sur vous-même.

En allant vers les autres et en faisant de nouvelles rencontres, vous allez devenir moins timide et plus confiant. De plus, vous serez plus à l'aise lors de situations sociales et vous aurez une meilleure appréhension des personnes et de leurs réactions.

Qu'attendez-vous pour vous faire plus d'amis ?

Bonus

Le volume 3 de la série « Guide du voyage en solo » va aborder différentes questions telles que :

- Comment se faire des amis en voyage ?
- Comment rencontrer des gens ?
- Quelles sont les discussions faciles pour briser la glace ?

- Comment ne pas s'ennuyer ?
- Etc.

Inscrivez-vous à la newsletter de Traverser La Frontière pour connaitre la date de diffusion du livre et la promo de sortie : http://traverserlafrontiere.com/newsletter/

Chapitre 12 : Développer son ouverture d'esprit

Le dixième bénéfice de voyager seul est de devenir quelqu'un de plus tolérant et beaucoup plus ouvert d'esprit.

Cette notion d'ouverture d'esprit est liée au voyage en général, mais je trouve qu'elle est beaucoup plus forte lorsqu'on décide de faire un voyage solo. Dans cet état, nous sommes influençables par les pays, les cultures et les situations dans lesquelles nous nous retrouvons.

Pourquoi cela ouvre l'esprit ?

En partant voyager seul, vous vous retrouverez dans un environnement nouveau, plus ou moins différent de la France selon votre destination. Inévitablement, il y aura une « confrontation culturelle », des choses que vous allez trouver étranges, intéressantes, dégoutantes, excitantes, ennuyantes...

Plus le pays sera éloigné de votre culture, plus ce choc sera important.

En partant voyager seul vous pourrez :

- Apprendre d'autres cultures ;
- Apprendre d'autres valeurs/mœurs ;
- Apprendre d'autres façons de vivre ;
- Observer d'autres façons de penser.

Certes, vous ne serez probablement pas en accord avec tout ce que vous allez voir ou tout ce que vous allez vivre et c'est bien normal. Rien que le fait d'observer tous ces éléments va vous permettre d'avoir une meilleure compréhension du monde qui nous entoure.

Par exemple, j'ai eu ces pensées depuis le début de mon voyage en novembre 2014 :

- Parfois, on se demande pourquoi toute une famille (grands-parents, parents, enfants, tantes...) vit sous le même toit ;
- Parfois, on se demande pourquoi tous les matins les gens font des offrandes aux dieux dans la rue ;
- Parfois, on se demande pourquoi les gens se barricadent chez eux dès que la nuit tombe ;

- Parfois, on se demande pourquoi la plupart des femmes de 25 ans du pays sont déjà mariées et ont plusieurs enfants ;

- Parfois, on se demande pourquoi les gens sont si heureux et tout le temps en train de sourire.

La meilleure chose à faire est alors de comprendre et de se demander pourquoi cela se passe ainsi. Les locaux sont généralement heureux que l'on s'intéresse à eux et répondront avec intérêt à vos questions.

Comparer pour former son esprit critique

En voyageant, on développe un regard comparatif avec son pays d'origine, ses qualités, ses défauts, ses blocages ou bien ses potentiels exploités ou inexploités.

D'ailleurs, pas mal de personnes pensent à quitter la France à cause de tous les problèmes que l'on peut avoir, mais en visitant d'autres pays, on se rend compte que l'on est plutôt bien loti.

C'est l'une des autres forces du voyage, on peut se rendre compte de la chance que l'on a.

Voyager seul peut aussi permettre de relativiser nos problèmes ou malheurs. Dans beaucoup de pays dits du « tiers-monde », les soucis de notre vie sont bien souvent ridicules comparés aux challenges que doivent faire face certaines personnes tous les jours. Il faut le voir pour vraiment s'en rendre compte.

En étant seul durant votre voyage, vous aurez la chance de vous imprégner plus facilement de tous ces éléments et de toutes ces différences.

À titre personnel

Je pense que tous mes voyages en solo m'ont permis d'avoir une plus grande ouverture d'esprit et d'avoir une bien meilleure compréhension de la planète et des personnes qui la peuple.

Mes voyages dans des pays comme les Philippines ou l'Indonésie m'ont appris l'humilité et la gratitude envers la vie que j'ai et la liberté que je possède.

Je comprends beaucoup mieux la culture anglo-saxonne en ayant passé plusieurs mois au Canada ou aux États-Unis. Malgré ma fascination pour le dynamisme et l'entrepreneuriat aux États-Unis, je ne me vois absolument pas vivre dans un système américanisé à l'extrême.

À force d'expérience, je pense que l'une des plus grandes aptitudes que j'ai acquises est de pouvoir être apte à parler à tout type de personne, sans jugement et sans a priori.

Les avantages d'être très ouvert

Cette ouverture d'esprit est bénéfique à plusieurs niveaux

Vous apprenez à faire confiance aux autres, à ne pas forcément tout contrôler. Plus on voyage, plus on se rend compte que la très grande majorité des gens ne vous veulent pas de mal. En jugeant moins les gens a priori vous pouvez lâcher du lest et avoir une relation de confiance.

En étant plus ouvert d'esprit, vous développerez un sens critique beaucoup plus important. Vous comprendrez beaucoup mieux le monde et les personnes qui nous entourent et vous serez capable d'argumenter vos points de vue avec des exemples concrets.

Vous serez moins fermé aux nouvelles idées, plus tolérant, car avec tout ce que vous avez vu et vécu, vous savez que tout est possible dans ce monde. D'ailleurs, j'ai pu remarquer parmi une majorité de grands voyageurs que je croise une certaine humilité, une écoute plus importante.

Enfin, je conseille de partir dans une optique d'ouverture pour pouvoir absorber le maximum de vos voyages. En partant avec l'esprit fermé, il sera compliqué de communiquer, d'apprendre et d'évoluer.

Chapitre 13 : Vivre des expériences extraordinaires

Le onzième bénéfice de voyager seul est de pouvoir profiter de son voyage au maximum et de toutes les expériences possibles.

Vivre de nouvelles aventures est l'un des buts de n'importe quel voyage. En étant seul, ce désir est d'autant plus exacerbé. Il faut profiter un maximum du moment présent et du pays dans lequel on se trouve.

Comment sortir de l'ordinaire en partant seul ?

En partant seul, le monde est le vôtre et vous en faites ce que vous voulez ! Vous pouvez dire oui à n'importe qui, pour n'importe quelle occasion.

D'ailleurs, cela me fait penser au film « Yes man » avec Jim Carrey.

Déprimé et au point mort dans sa vie professionnelle et sentimentale, Jim Carrey décide de dire « oui » à tout suite à un programme de développement personnel. Il décide alors de saisir toutes les opportunités qui s'offrent à lui. Si vous avez vu le film, sa vie s'améliore considérablement au travail, il trouve une petite amie et vit de nombreuses péripéties qui donnent du piment à sa vie.

Le parallèle est similaire ici, dans votre voyage en solo.

Il ne faut pas hésiter à dire oui à ce qu'on va vous proposer durant votre voyage (dans la limite de la légalité et de bonnes mœurs bien sûr).

Par exemple :

- Sortir prendre un verre avec quelqu'un que vous venez de rencontrer ;
- Partir en excursion spontanée ;
- Rejoindre quelqu'un dans une fête ;
- Faire un sport que vous n'avez jamais fait ;
- Suivre quelqu'un pour changer de destination ;
- Etc.

Vous n'avez aucune idée de comment cela peut finir, de façon classique ou de façon épique. Pour le savoir, il faut saisir la chance et se lancer.

En voyageant seul, vous avez la possibilité de choisir tout ce que vous voulez faire, vous êtes maitre de votre destin à 100 %. Cela peut faire peur de suivre quelqu'un dans une aventure, mais sachez que la spontanéité paye souvent en voyage.

À titre personnel

Je ne compte plus le nombre de fois où je me suis laissé embrigader dans de superbes aventures comme dans des plans foireux. Dans les deux cas, vous avez une bonne histoire à raconter !

J'aime bien me retrouver dans des soirées où les locaux trainent et qui sont un peu originales. C'est toujours plus drôle que dans de gros clubs sans personnalité.

Je me souviens d'une anecdote en 2011 sur l'île de Palawan aux Philippines. Après une excursion en bateau toute la journée, une fille du coin nous dit qu'il y a une grande soirée dans le village voisin. Même si j'étais fatigué, je propose à une copine française et à un Américain de m'y accompagner. On « loue » un tuk-tuk et son chauffeur, puis c'est parti pour 30 minutes de route dans le noir en ne sachant pas vraiment où l'on va. En débarquant au milieu de nulle part, on hallucine de voir des centaines de personnes en train de faire la fête sur un terrain de basket-ball avec la sono à fond et le whisky local qui coule à flots. On était les seuls blancs et un peu l'attraction de la soirée. D'ailleurs, la fin de soirée est un peu trouble, mais on s'est bien amusé toute la nuit et là, pour de l'expérience locale, c'était imbattable.

Dans un autre registre, j'ai pu faire les volcans Kawa Ijen et du Bromo (Indonésie) en solo en décembre 2014, ça a été là encore une expérience folle. Se lever tôt, faire une randonnée dans la nuit pour aller observer le lever du soleil et observer ces merveilles de la nature. Ça n'a pas de prix !

Du kayak dans un parc naturel au Canada, apprendre à conduire une moto aux Philippines, remonter la route n° 1 de Los Angeles à San Francisco, faire de la plongée dans une épave en Indonésie... sont autant d'exemples où j'ai su dire oui et saisir la chance de vivre des expériences riches en émotions.

Ce que ces expériences vont changer pour vous.

Vous allez réaliser que tout est possible.

En voyage, on peut tout essayer et faire des choses qu'on ne pensait peut-être pas possibles. Comme je l'explique dans le chapitre 10 sur les challenges, en voyageant, vous êtes encore plus à même de vous lâcher et de vous diriger vers l'inconnu.

C'est applicable dans la vie en général et pas seulement en voyage, l'aventure est parfois au coin de votre rue. Je suis sûr qu'il y a des endroits près de chez vous que vous n'avez pas visités ou des activités que vous n'avez jamais testées.

On peut littéralement tout tourner en aventure excitante !

Ressentir la liberté de pouvoir embrasser n'importe quelle aventure sur la route lorsqu'elle se présente est un sentiment puissant, presque enivrant. Il est temps pour vous d'essayer !

Chapitre 14 : Faire des économies

Le douzième et dernier bénéfice de voyager seul est celui de pouvoir économiser de l'argent.

Cela peut paraitre étrange. Il est commun de dire que voyager à plusieurs permet de mutualiser les coûts, ce qui est souvent vrai. Mais en fin de compte, lorsqu'on voyage, nous prenons seuls la totalité des décisions et nous pouvons réduire notre budget sur plusieurs secteurs.

Comment peut-on dépenser moins d'argent ?

1 — Tout d'abord, sur le choix des destinations. Chaque pays et chaque ville ont des coûts plus ou moins élevés et ces destinations vont grandement jouer sur votre budget.

Si vous partez en Indonésie ou aux États-Unis, le coût global peut aller du simple au triple très facilement.

Choisissez donc vos destinations avec attention et renseignez-vous sur le prix de l'hébergement, des activités, de la nourriture et autre avant de partir.

Voici par exemple des pays pas chers, sûrs et intéressants à visiter : Indonésie, Thaïlande, Cambodge, Inde, Népal, Nicaragua, Équateur, Bolivie, Hongrie, Roumanie.

La clé ici est donc de ne pas se laisser embarquer par vos amis dans des destinations coûteuses ou hors de votre budget. Comme vous partez seul, vous prenez la décision selon vos moyens.

Pour regarder le coût de la vie dans un pays, deux sites bien fournis en anglais existent :

- http://www.numbeo.com/cost-of-living
- http://www.expatistan.com/cost-of-living

2 — Ensuite, vous pouvez choisir quand vous partez et c'est un point très important.

Si vous décidez de partir durant la haute saison, tout sera plus cher, notamment le transport et l'hébergement. Partez en basse ou moyenne saison et choisissez vos dates de voyages avec le prix des vols les moins chers possible grâce aux comparateurs en ligne (le meilleur étant skyscanner).

Vous pourrez négocier plus facilement des remises une fois sur place, car il y aura moins de touristes, qu'il s'agisse de l'hébergement ou bien des activités.

Une petite recherche sur Google vous donnera rapidement les informations sur les différentes saisons et la fréquentation de vos destinations.

3 — Enfin, en étant seul, vous avez le choix de dormir où vous voulez. Pas besoin de prendre en compte le confort que réclament vos compagnons de voyage.

Il est évident que pour les hôtels et les appartements type Airbnb, être seul est souvent un inconvénient, surtout si vous partagez le même lit.

Préférez les auberges de jeunesse, où le nombre de personnes ne change rien au prix payé, les petits hôtels ou pensions où vous pouvez facilement négocier les prix (surtout en basse saison), et bien sûr, vous pouvez dormir chez l'habitant, notamment grâce à Couchsurfing.

En étant seul, vos chances d'être accepté par un hôte sur Couchsurfing sont plus importantes, vous n'aurez presque jamais de problèmes.

À titre personnel

Pour ma part, j'évite autant que possible les hautes saisons, ou je m'y prends vraiment en avance. Cependant, c'est très rare, car je n'aime pas vraiment quand un endroit est rempli de touristes.

Lorsque je visite un pays où le coût de la vie est élevé, je m'arrange pour payer le moins possible en cuisinant, préférant les auberges ou bien j'utilise le Couchsurfing. Par exemple, j'ai passé 2 semaines en Californie en janvier 2015 et je n'ai pas dormi une fois à l'hôtel, mais plutôt chez des amis et des couchsurfeurs.

Dans tous les cas, je préfère visiter les pays avec un coût de la vie faible, dans lequel je ne dépense pas trop d'argent. Je suis actuellement en Colombie où les prix sont généralement 3 fois moins chers qu'en France !

Vous pouvez profiter de l'argent supplémentaire

Je pense que vous pouvez réellement faire des économies en voyageant seul, en prenant les décisions qui vous arrangent et selon votre budget personnel.

Vous pouvez par exemple allouer un budget plus important aux activités sur place afin de vivre des expériences incroyables. Il y a parfois des activités avec un coût important comme la plongée, certains sports extrêmes, des treks de plusieurs jours...

Tout dépend de vos priorités.

Extra

J'ai écrit un guide qui s'appelle « Partir à l'étranger sans se ruiner » qui répertorie mes 10 meilleures astuces pour partir sans casser la banque ! Il est disponible à : http://traverserlafrontiere.com

Chapitre 15 : Le témoignage de Jérémy, voyageur en solo

Le livre touche bientôt à sa fin, il est donc temps de vous proposer le deuxième témoignage exclusif d'un voyageur qui a décidé de partir en solo.

Il s'agit de Jérémy Marie, qui a voyagé 5 ans autour du monde en stop. Il s'agit d'un voyageur dont j'admire le parcours. Il a fait ce que peu de monde pourrait faire, moi compris, et je suis enchanté de sa participation au livre.

Vous pouvez retrouver ses récits sur son blog : http://tour-du-monde-autostop.fr/

1 — Quand es-tu parti en solo et pour combien de temps ?

Je suis parti pendant cette période de la vie située entre la fin des études et l'entrée dans la vie active. Dans mon cas, cela correspondait à l'âge de 23 ans, c'était le 8 octobre 2007.

Je ne suis revenu que 5 ans, 5 mois et 5 jours plus tard, soit le 12 mars 2013. J'avais exactement 29 ans ce jour-là.

2 — Quels continents/pays as-tu visités ?

Ce tour du monde m'a permis de découvrir au total 71 pays et territoires. Mon projet était de ne me déplacer qu'en stop, j'ai donc parcouru 180 700 km à l'aide de 1752 différents véhicules et autant de généreux conducteurs.

L'itinéraire m'a tout d'abord conduit de Caen en direction d'Istanbul. J'ai traversé l'Europe de l'Ouest et les Balkans pour l'atteindre. Ensuite, je me suis dirigé vers le Proche-Orient et j'ai eu l'opportunité de découvrir la Syrie d'avant les révolutions du Printemps arabe. Puis, mon chemin m'a mené du Caire jusqu'au Cap en traversant tout le continent africain du nord au sud par son côté oriental, pérégrinant notamment en Éthiopie, au Malawi ou au Soudan. De la ville du Cap, j'ai traversé l'océan Atlantique en bateau-stop vers l'isthme central américain et son inévitable rond-point commercial qu'est Panama. J'ai par la suite parcouru pendant un an toute l'Amérique du Nord jusqu'à Fairbanks en Alaska, puis pendant une autre année toute l'Amérique du Sud jusqu'à son point le plus austral Ushuaïa, pour terminer à Carthagène en Colombie.

En Colombie, j'ai trouvé une place d'équipier sur un voilier qui m'a permis de flotter pendant 4 mois en direction d'Auckland en Nouvelle-Zélande, passant par les inévitables escales paradisiaques que sont les Galapagos, la Polynésie française, ou encore les îles Tonga.

Puis de Nouvelle-Zélande vers l'Australie en porte-container-stop, de l'Australie vers l'Indonésie en avion-stop, avant de remonter l'Asie du Sud-Est vers l'Empire du Milieu chinois. De la Chine, j'ai traversé toute l'Asie Centrale et ses pays en « Stan, », découvert la culture Perse en Iran, avant de rejoindre la Turquie et de retraverser l'Europe dans l'autre sens pour finalement atteindre mon point de départ Caen en Normandie, sous les tombées de neige inattendues du mois de mars 2013.

3 — Pourquoi as-tu décidé de partir seul ?

À cette époque de ma vie, mon désir était de parvenir à comprendre le monde qui m'entourait, et notamment du point de vue de sa population. Voyager autour du monde était certainement la meilleure façon de collecter ces points de vue, d'autant plus que le moyen de transport que je voulais utiliser m'amènerait obligatoirement au plus proche des populations des pays que je traverserais.

En effet, voyager seul en auto-stop amène à constamment s'ouvrir à l'autre, car l'on est dépendant de lui pour avancer jusqu'à la prochaine étape. L'avantage certain de voyager seul dans ce cas est que j'étais beaucoup plus ouvert à la rencontre, ce qui me permettait d'en apprendre bien plus sur la culture des populations rencontrées.

4 — Ton meilleur souvenir de ce voyage ?

Disons que mon meilleur souvenir de voyage a influencé ma vie d'aujourd'hui. En effet, lors de mon passage sur l'île de Bali, j'ai rencontré une jeune demoiselle indonésienne qui est devenue ma femme aujourd'hui...

Il faut dire qu'au bout qu'une demi-décennie passée seul sur la route, de nouveaux désirs commencèrent à grandir en moi. Je me suis en effet épanoui par la rencontre avec l'autre, mais comme mon projet me poussait continuellement à écourter ces actes sociaux pour atteindre la prochaine destination, le désir est venu naturellement de vouloir développer une relation sociale à long terme, soit de créer une famille.

Pour étayer ce propos, je voudrais d'ailleurs partager un mythe mélanésien de l'archipel du Vanuatu sur lequel je suis récemment tombé, et qui, je pense, illustre parfaitement ce désir :

« Tout homme est tiraillé entre deux besoins, le besoin de la Pirogue, c'est-à-dire du voyage, de l'arrachement à soi-même, et le besoin de l'Arbre, c'est à dire de l'enracinement, de l'identité, et les hommes errent constamment entre ces deux besoins en cédant tantôt à l'un, tantôt à l'autre ; jusqu'au jour où ils comprennent que c'est avec l'Arbre qu'on fabrique la Pirogue. »

Mythe mélanésien de l'archipel du Vanuatu

5 — Et ta pire expérience ?

Étrangement, ma pire expérience n'est pas venue de mon moyen de transport favori qu'est l'auto-stop. Bien que les avis de nombreuses personnes rencontrées pesaient vers la dangerosité de cette façon de se déplacer, je n'ai jamais subi de violence de la part de mes conducteurs d'un jour, même s'il est vrai que j'ai également rencontré des cas particuliers.

Non, la pire violence, et donc la pire expérience, dont je fus la victime se déroula en plein centre de Caracas au Venezuela. Je fus simplement délesté de mes rares objets de valeur, braqué pistolet au poing, par la police métropolitaine locale. Et étrangement pour cela, aucun besoin d'avoir eu le pouce tendu au bord de la route.

6 — Peux-tu nous raconter une histoire qui illustre pour toi le « voyage en solo » ?

Voyager en solo offre une très large palette de possibilités. Avec un peu de débrouillardise, le désir est souvent la seule limite, peu importe la destination. Dans mon cas, j'imagine que ma traversée du Pacifique en voilier-stop pourrait très bien illustrer les insondables possibilités du « voyage en solo ».

En effet, au mois de mars 2011, j'écumais les marinas et Yacht Clubs de Carthagènes-des-Indes en Colombie, afin de trouver un moyen de transport qui m'amènerait de l'autre côté du Pacifique en Australie. Fort de mon expérience de voilier-stop passée entre l'Afrique du Sud et Panama, je savais que la meilleure manière était d'aborder chaque capitaine de chaque embarcation et de lui proposer mes services de « cuisinier-garde de nuit-coupeur de patates ».

Après quelques jours, je fus accepté à bord du voilier « Khamsin » qui avait pour but d'être convoyé jusqu'à Auckland en Nouvelle-Zélande. L'avantage d'être seul à ce moment fit sans doute la différence, car le voilier était déjà plein. La condition sine qua non de mon acceptation à bord était que ma couche serait localisée dans le carré du voilier, soit en plein espace public de l'embarcation. Ma haute tolérance au bruit au moment de l'assoupissement et mes basses exigences en matière de confort firent que je devins à ce moment le septième et dernier équipier du voilier « Khamsin » pour cette traversée du Pacifique. Être seul à ce moment fut certainement un avantage, car j'imagine que si j'avais débarqué avec un partenaire de voyage à l'embarcadère, ma potentielle participation n'aurait certainement même pas été considérée, et il est fort possible que je sois encore en Colombie à écumer les zones de navires en partance.

7 — Quel a été ton bilan de ce premier voyage seul ?

J'en suis revenu pleinement épanoui.

L'une des raisons majeures est que l'un de mes principaux buts de vie est de chercher un sens à mon existence, donc de m'intéresser et d'en apprendre le plus possible sur tous les sujets. Je crois que ce long voyage m'a occupé à plein temps dans ces domaines et j'ai le sentiment d'avoir au moins pris action dans cette démarche.

Voyager seul autour du monde implique en effet de se confronter à de nouvelles cultures, de découvrir de nouvelles façons de vivre et de penser. Cela a fortement élargi le carcan de mentalité occidentale dans lequel je me sentais figé avant de partir. En ayant approché et échangé avec des civilisations différentes, j'ai au moins la possibilité de croire que des modes de vie alternatifs sont possibles si l'envie me venait de modifier ma façon d'exister.

8 — Selon toi, pour quelles raisons toute personne devrait-elle tenter de voyager seule ?

Voyager seul est une démarche personnelle, et en conséquence, les apprentissages reçus permettent de se connaitre un peu plus soi-même. Afin de réussir à mener une vie heureuse et pleine de sens, je pense qu'il est nécessaire d'identifier ses passions, mais aussi ses détachements. Voyager seul permet plus facilement d'accéder à ces situations dans lesquelles nous sommes amenés à prendre des décisions personnelles, et à méditer dessus. Voyager seul, en quelques mots, apporte un véritable apprentissage sur soi-même et sur la vie en général.

9 — Avec ton expérience, quel conseil donnerais-tu au Jérémy d'avant voyage ?

Je pense que les plus grandes difficultés au prélude d'un voyage au long court sont celles qui sont connectées à la décision du départ.

En effet, les incertitudes croissent devant l'inconnu et la peur apparaît. Le conseil que je donnerais au Jérémy d'avant voyage, mais aussi à chaque personne qui souhaite se lancer, serait de combattre cette peur et de ne pas hésiter à prendre la route, car derrière cette peur se cache certainement une foule de belles rencontres et d'apprentissages uniques.

Merci à Jérémy pour son témoignage.

À savoir que vous pouvez retrouver une interview audio de Jérémy que nous avons faite en novembre 2014. Elle est disponible dans les bonus du livre à l'adresse : http://traverserlafrontiere.com/bonus-pvs/

Conclusion

Voyager seul fait peur.

Voyager seul n'est pas facile.

Cependant, les récompenses et bienfaits de ce type de voyage sont immenses. Vous ne serez plus la même personne après un voyage en solo de quelques semaines ou de quelques mois.

Plus de confiance en soi, plus indépendant, plus débrouillard, plus sociable, plus aventurier, plus ouvert d'esprit. Vous serez transformé.

Impossible de tout lister, mais je pense que vous avez compris à travers ce livre tous les bienfaits du voyage en solo.

Il faut cesser de prêter attention à ce que disent les gens. Arrêter de prêter attention au formatage d'un voyage classique que nous proposent les médias et la société.

Vivez la vie que vous avez envie de vivre, sans attendre les autres.

Amis voyageurs ou « soon to be » voyageurs, allez vers l'inconnu et partez découvrir le monde en solo !

Bonus

Grâce à l'achat du livre « Pourquoi voyager seul ? », vous avez le droit à plusieurs bonus.

1. Les meilleures ressources que j'ai sélectionnées sur le voyage en solo (livres, blogs, articles...).

2. Une interview audio de 35 minutes avec Jérémy, grand voyageur, dans laquelle on parle voyage, tour du monde, expériences en stop...

Vous pouvez réclamer vos bonus gratuitement ici : http://traverserlafrontiere.com/bonus-pvs/

Printed in France by Amazon
Brétigny-sur-Orge, FR

11150763R00052